_____ 학교 ____ 학년____반 _____ 의 책이에요.

'체험학습'이란 책에서나 수업 시간에 배운 지식을 실제 현장에서 직접 경험해 보는 공부 방법이에요. 단순히 전시된 물건을 관람하거나 공연을 보는 것이 아니라 학습을 하기 전에 미리 필요한 정보를 조사하는 것까지를 포함한 모든 활동을 의미해요. 어떻게 공부할 것인지를 준비하면 그렇지 않은 경우보다 훨씬 더 많은 것을 보고 느끼게 되겠지요. 이 책은 체험학습을 하려는 어린이들에게 좋은 길잡이 역할을 할 거예요.

❶ 가기 전에 읽어 보세요

이 책은 체험학습 현장을 어린이들이 쉽게 이해할 수 있도록 풀이한 안내서예요. 어린이들이 직접 체험학습 현장을 찾아가는 데 필요한 정보가 들어 있어요. 체험학습 현장을 가기 전에 꼼꼼히 읽어 보세요.

❷ 현장에서 비교해 보세요

대법원은 재판을 하는 법원 중에서 가장 높은 기관이에요. 이 책에서는 자유와 평등, 정의를 실현하는 대법원을 견학하면서 법과 법원의 역할에 대해 알아볼 거예요. 일제 강점기에 우리나라의 재판권을 빼앗긴 이야기부터 사법권의 독립이 왜 중요한지 등에 대해 함께 알아보아요.

❸ 스스로 활동해 보세요

이 시리즈는 단지 지식을 전달하기 위한 교양서가 아니에요. 어린이 여러분이 교과서로 수업 시간에 배운 내용을 실제 현장에서 직접 체험하며 익힐 수 있도록 다양한 활동 내용을 담았지요. 책 중간이나 뒷부분에 이해를 돕기 위한 활동이 있으니 꼭 스스로 정리해 보세요.

❹ 견학 후 활동이 다양해요

체험학습 후에는 반드시 견학 후 여러 가지 활동을 해 보세요. 보고서 쓰기, 신문 만들기, 그림 그리기 등을 통해 체험학습에서 보고 들은 내용을 다시 한번 정리하면 알찬 체험학습이 될 거예요.

신나는 교과 체험학습 52

공정한 재판으로 정의를 실현하는 곳 대법원

초판 1쇄 발행 | 2008. 1. 28.
개정 3판 5쇄 발행 | 2023. 11. 10.

감수 대법원 | **글** 이창환 | **그림** 박진아

발행처 김영사 | **발행인** 고세규
등록번호 제 406-2003-036호 | **등록일자** 1979. 5. 17.
주소 경기도 파주시 문발로 197(우10881)
전화 마케팅부 031-955-3100 | 편집부 031-955-3113~20 | 팩스 031-955-3111

값은 표지에 있습니다.
ISBN 978-89-349-9795-5   64000
ISBN 978-89-349-8306-4 (세트)

좋은 독자가 좋은 책을 만듭니다. 김영사는 독자 여러분의 의견에 항상 귀 기울이고 있습니다.
전자우편 book@gimmyoung.com | 홈페이지 www.gimmyoungjr.com

어린이제품 안전특별법에 의한 표시사항

제품명 도서 **세소년월일** 2023년 11월 10일 **제조사명** 김영사 **주소** 10881 경기도 파주시 문발로 197
전화번호 031-955-3100 **제조국명** 대한민국 ⚠️**주의** 책 모서리에 찍히거나 책장에 베이지 않게 조심하세요.

공정한 재판으로 정의를 실현하는 곳

대법원

감수 대법원 글 이창환 그림 박진아

주니어김영사

차례

대법원에 가기 전에

미리 준비하세요

준비물 《대법원》 책, 사진기, 필기 도구

예약은 필수!!
대법원에 견학가려면 적어도 5일 전에 인터넷을 통해 신청을 해야 해요. 견학 신청 인원은 최소 20명이며, 최대 견학 인원은 1회 50명으로 제한하고 있어요. 또, 20명 이상의 단체(초등 학교 4학년 이상)라면 오전에는 판사와의 대화 시간을, 오후에는 모의재판을 체험할 수 있어요.

※개인 견학은 별도 예약 없이 전시관을 견학할 수 있어요.

미리 알아 두세요

관람 시간	매주 화~목(공휴일 제외) 오전 10시 / 오후 3시(1일 2회)
관람료	무료
홈페이지	www.scourt.go.kr(견학안내→견학신청 클릭!)
주소	서울시 서초구 서초대로 219

다음 규칙을 꼭 지켜 주세요!

① 기념 촬영은 정해진 장소(본관 중앙 화단 조형물 부근 및 대법정 입구)에서만 가능하고, 대법정 및 소법정에서의 촬영은 모두 제한해요.

② 대법원 건물 안에는 음식물을 가지고 들어갈 수 없어요.

대법원에 가는 방법

지하철 2호선 서초역 5, 6번 출구로 나와 3분 정도 걸어요.

시내버스 405, 740, 5413
마을버스 02, 11, 13, 21
광역버스 9100, 9200(인천), 3003(수원), 1553(수원)

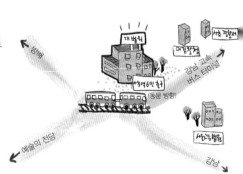

대법원은요…….

텔레비전을 통해 재판하는 모습을 본 적이 있나요? 법복을 입고 법정 위에 앉아 있는 판사, 피고인에게 날카롭게 질문하는 검사, 그리고 이를 변호하는 변호사……. 치열한 말다툼이 오간 다음 내리는 판사의 최종 판결은 정말 흥미진진해요.

우리는 서로 다른 개성을 가진 많은 사람과 더불어 살아가고 있어요. 이렇게 많은 사람과 함께 살아가다 보면 서로 얼굴과 모습이 다른 것처럼 성격과 행동도 달라서 많은 다툼이 생기기도 해요. 이런 다툼 중에는 서로 해결할 수 있는 것도 있지만, 해결하기 어려운 것도 있지요. 또, 때로는 힘이 약해 억울하게 피해를 입기도 해요. 이런 문제들이 생기면 누가 공정하게 판단을 내려야 할까요? 바로 법원이에요. 그중에서도 대법원은 대한민국 최고의 법원으로, 최종 판결을 내리는 곳이랍니다.

그럼, 지금부터 재판이 열리는 생생한 현장, 대법원으로 떠나 볼까요?

이 곳이 바로 대법원이구나.

대법원 전경

대법원 한눈에 둘러보기

서초역 6번 출구로 나와서 3분 정도 걸으면 대법원 동문이 나와요. 하지만 동문말고 정문으로 들어오기도 해요. 정문 앞에 '대법원'이라고 크게 씌어 있는 비석을 지나면 크고 웅장한 건물이 보일 거예요. 이 곳이 바로 대법원이에요.

이렇게 둘러보세요!

동관 원형 광장 조형물 → 대강당 → 법원사 전시실 → 소법정 → 가인 흉상, 정의의 여신상 → 대법정 → 본관 중앙 화단 조형물

동관 원형 광장 조형물
견학 시작 시간 10분 전까지 이 곳에 모여요. 선생님이 안내할 때까지 조용히 기다려요.

대강당
총 714석으로 이루어진 강당으로, 법원의 중요한 행사가 있을 때 사용하는 곳이에요.

소법정
대법원으로 올라온 사건의 대부분을 재판하는 곳이에요. 매월 약 2회의 재판이 열려요.

법원사 전시실
우리나라의 법과 사법 기관의 역사를 알려 주는 곳이에요.

이 건물은 1995년에 준공된 것이랍니다. 대법원 건물 앞에는 '자유, 평등, 정의'가 굵은 글씨로 크게 쓰여 있어, 법원이 국민 앞에 어떤 모습으로 서 있어야 하는지 잘 보여 주고 있어요. 지금부터 대법원 구석구석을 돌아보며 우리 법의 역사와 의미를 함께 찾아보아요.

가인 흉상, 정의의 여신상
초대 대법원장인 김병로 대법원장의 흉상과 정의의 여신상이 서 있어요.

대법정
매우 중요한 사건의 재판을 하는 곳으로, 대법원장을 비롯한 13명의 대법관이 재판을 해요.

대법원 내부도

본관 중앙 화단 조형물
정의의 상징인 해태의 뿔과 꼬리 그리고 저울을 형상화한 조형물 앞에서 견학을 마무리해요.

우리 생활에 꼭 필요한 법

여러 사람이 함께 살아가는 우리 사회에는 보이지 않는 규칙들이 많이 있어요. 우리 사회는 이런 규칙들에 의해서 조화롭게 유지되지요. 그러나 경우에 따라서는 억울한 일을 당하거나, 자신의 권리를 지키기 위해 법률이 정한 대로 따르지 않고, 자기 스스로 해결하려고 할 때가 있지요. 힘이 세다고 해서 힘으로 해결하려고 들면 다른 사람의 생명과 안전이 위협당하는데, 이런 일들을 막기 위해서 법이 필요해요. 그리고 이 법이 잘 지켜지도록 감독하는 사법기관이 바로 '법원'이지요. 만약 법원이 없다면 힘센 사람만 이 세상을 지배하는 무질서한 사회가 될 거예요.

법원은 사법권을 행사하는 국가기관으로, 사법부라고도 해요. 사람 사이에 다툼이 있거나 법을 어긴 경우, 법에 따라 판결을 내려 사회의 질서를 유지하는 기관이에요. 법원의 조직으로는 심급에 따라 지방법원, 고등법원, 대법원이 있어요. 그중에서도 대법원은 우리나라의 최고 법원으로, 3심 재판을 맡는 곳이랍니다.

지금부터 대법원에서는 어떤 일이 벌어지고 있는지 함께 들어가서 살펴볼까요?

법은 왜 생겨났을까?

법원

흠, 조형물을 보니 무슨 글자가 보이는 것 같은데?

너 은근히 감각이 있구나? 바로 이 작품이 '화목하다'는 뜻의 '和'자를 표현한 거래.

문 신(1923-1995)
和 - 95, 1995

동관 원형 광장 조형물인 '화(和)-95'에 모여 대법원 견학을 시작해요.

모두 동관 원형 광장 조형물 앞에 모였나요? 대법원을 견학하기 전 가장 먼저 만나는 것은 '화(和)-95'라는 조형물이에요. 반짝이는 금속으로 만든 '화(和)-95'는 대법원을 견학하기 위하여 맨 처음 모이는 장소이기도 해요. 한자 '和'는 '화목하다'는 뜻인데, '화(和)-95'는 중앙을 중심으로 좌우를 같은 형태로 만들어 질서와 화합의 뜻을 나타내고 있어요. 질서와 화합에서 화목함이 생긴다는 의미를 표현한 것이랍니다.

그렇다면 왜 이 조형물이 대법원에 있을까요? 그것은 아마도 우리 사회가 질서와 화합을 바탕으로 화목함을 이루자는 뜻을 표현한 걸 거예요.

사람은 혼자서 살아갈 수 없어요. 우리가 먹는 음식, 입고 있는 옷, 쓰고 있는 학용품 등은 여러 사람의 도

'화(和)-95'를 만든 사람은 누구일까요?
스테인리스 스틸로 만들어진 '화(和)-95'를 만든 사람은 바로 '문신'이에요. 안타깝게도 대법원 청사가 서소문에서 서초동으로 이전할 때인 1995년 이 작품을 거의 마친 단계에서 세상을 떠났지요. 그래서 '화(和)-95'는 문신의 최후 작품이 되었어요.

움 없이는 얻을 수 없는 것들이에요. 이렇게 사람은 서로 도움을 주고받으면서 공동체를 이루어 살고 있지요.

그런데 여러 사람과 어울려 살면서 다른 사람을 배려하지 않고 자기 마음대로 산다면 어떻게 될까요? 마음에 들지 않는 사람을 때리거나, 가게에서 마음에 드는 물건을 훔치는 일이 매일 일어난다면요? 아마 질서는 아무 곳에서도 찾아볼 수 없는 혼란스러운 세상이 될 거예요. 그래서 우리 사회는 모든 사람이 질서 있고 평화로운 삶을 누릴 수 있도록 규범을 만들었어요. 이 규범들 중에서 국가에 속한 국민들이 지켜야 할 규범들을 '법'이라고 해요. 그럼, 대법원 건물 안으로 들어가기 전에 우리 생활 속에 어떤 법들이 있는지 살펴보아요.

규범
우리가 흔히 말하는 규칙, 약속, 윤리, 도덕 등을 말해요.

생활 속에 법이 있어요!

법이라고 하면 낯설게 들리지만, 법은 늘 우리 생활 가까이 있어요. 우리가 학교에 다니면서 공부하는 것도 법으로 정해진 것이에요. 모든 국민은 6년의 초등교육과 3년의 중등교육을 받도록 헌법에 정해져 있어요. 또 차들이 교통신호에 따라 다니는 것도, 남자들이 군대에 가는 것도 모두 법으로 정해진 것이지요. 우리는 생활하면서 알게 모르게 법의 영향을 받으며 살고 있어요.

이렇게 법이 정한 대로 행동하는 것을 '법치주의'라고 하지요. 우리나라는 법치주의 국가랍니다. 이것은 국민뿐만 아니라 국가도 법을 따라야 한다는 의미예요. 그래서 법이 정한 것이 아니라면 국가에서도 국민에게 권리를 제한하거나 명령할 수 없지요.

> **법치주의**
> 국가나 권력자도 법률에 따르지 않고는 국민의 자유와 권리를 제한하거나 의무를 지울 수 없다는 근대 입헌국가의 정치 원리예요.

시대에 따라 변화해 온 법

왕의 권력이 막강했던 옛날에는 왕이 모든 일에 결정권을 행사했어요. 법을 만드는 일도 예외가 아니었지요. 법을 만들 때 왕이 강력한 권한을 행사하면, 그 누구도 함부로 반대하거나 법을 바꿀 수 없었어요.

하지만 왕이라고 해도 한 사람의 필요에 따라 만든 법을 지키라고 한다면 공정하다고 할 수 없지요. 이렇게 왕에게 힘이 몰려 있다 보니, 왕의 명령이 없이는 새로운 법을 만들 수도, 고칠 수도 없었어요.

이런 문제들 때문에 민주주의가 생겨났어요. 민주주의는 국민이 나라의 주인이라는 뜻이고, 국민들이 직접 법을 만들고 그 법을 지킨다는 말이지요. 그러나 모든 사람이 나랏일을 돌볼 수 없기 때문에 국민의 대표를 뽑아 그 대표들이 법을 만

나의 말이 곧 법이니라.

첫, 자기 맘대로군.

들도록 했어요. 그래서 국민의 대표로 뽑힌 국회의원이 법을 만들어요. 법을 정하고 만든다는 의미에서 국회를 '입법부'라고 하지요.

여러분의 만장일치로 법이 통과되었습니다.

찬성이오.

그리고 그 법을 해석하여 적용하는 곳이 사법부랍니다. 사법부에는 지방법원과 지원, 고등법원, 대법원까지 여러 심급의 법원들이 있어요. 그 중에서도 가장 높은 심급의 법원이 대법원이지요. 이제 대법원 건물 안으로 들어가 볼까요?

적용
알맞게 이용하거나 맞추어 쓰는 거예요.

심급
하나의 사건을 서로 다른 법원에서 반복해서 재판하는 경우, 그 순서를 말해요.

여기서 잠깐!

입법부와 사법부에 해당하는 기관은 무엇일까요?

입법부와 사법부는 행정부와 함께 국가의 권력을 나누어 가지면서 균형을 유지하고 있어요. 입법부와 사법부에 해당하는 기관을 보기 에서 찾아 괄호 안에 넣어 보세요.

1. 입법부 – (   )   2. 사법부 – (   )

보기   국회   청와대   검찰청   법원

도움말 입법부는 국민의 생활에 필요한 법을 새로 만들거나 내용을 고칠 수 있다고 해서 붙여진 이름이에요. 또, 사법부는 사람 사이에 다툼이 있거나 법을 어긴 경우에 법에 따라 판결을 내려 사회 질서를 유지하는 기관이지요.

☞ 정답은 56쪽에

법원에서는 무슨 일을 하나요?

대법원 건물 안으로 들어서서 첫 번째로 만나는 장소는 대강당이에요. 대강당은 대법원의 중요 행사를 치르는 곳이에요. 총 714석으로 이루어져 있는 이곳에서는 대법원의 홍보 영상물인 '우리 법원'을 관람할 수 있어요. 8분 정도 상영하는 '우리 법원'은 사법부가 하는 일, 역사, 법원의 조직과 법관, 법원의 역할 및 미래의 전망 등에 대해 설명하고 있어요.

우리 법원의 어제와 오늘을 잘 살펴보면 법원이 어떤 일을 하는 곳인지, 또 어떻게 시작하고 변해 왔는지 전체적인 흐름을 쉽게 알아차릴 수 있을 거예요. 그럼, 법원이 어떤 일을 하는지 알아볼까요?

대법원 대강당
가장 먼저 만나는 대강당에서 법원의 역사와 법원이 하는 일에 대한 홍보 영상물을 봐요.

재판을 통해 다툼을 해결해요!

법원이 하는 가장 중요한 일은 재판이에요. 재판은 옳고 그름을 따져서 올바른 판결을 내리는 것이에요. 재판의 종류에는 형사재판, 민사재판, 가사재판, 행정재판, 특허재판 등이 있어요.

형사재판은 피고인이 죄가 있는지 살펴보고, 죄가 있다고 인정될 때 형벌을 내리는 재판을 가리켜요. 개인 간의 다툼이 있을 경우에는 민사재판에서 해결해요. 또, 가족이나 친족 간의 다툼은 가사재판으로 해결하지요. 나라에서 명령한 영업 허가나 세금이 부당하다고 생각되면 행정재판으로 권리를 주장할 수 있어요. 또한 정보화 시대를 맞이하여 특허권이나 상표권 등 지적재산권에 대해 늘어나는 다툼은 특허재판에서 해결해요.

법원에서는 재판만 하나요?

대법원에서 주로 하는 일이 재판이지만, 재판만 하는 것은 아니에요. 대법원은 등기나 가족관계등록부, 공탁에 관련된 일도 하고 있어요. 이렇게 법원에서 하는 일 중에서 국민의 생활과 밀접한 관련이 있는 일이 바로 등기예요. 땅이나 건물을 샀을 경우 그것에 대한 권리는 땅이나 건물을 산 사람에게 있다는 표시를 하는 것이 등기지요. 공탁은 돈거래에서 돈을 빌려 준 사람을 찾을 수 없을 때 돈을 빌린 사람이 법원에 돈을 맡기고 책임을 벗어나는 제도예요.

이 밖에도 국민의 신분을 알리고 관리하는 일을 하지요. 그래서 이름이나 가족관계등록부에 적힌 내용을 고치려면 법원의 허가가 필요해요. 또한 조정이나 화해라고 해서 다툼을 일으킨 사람끼리 서로 양보하고 타협하도록 주선하고 힘쓰는 일도 하고 있어요.

대법원이 하는 일
대법원은 재판을 통해 다툼을 해결해요.

지적재산권
발명, 특허 등 산업 분야나 글, 그림 등 문화 예술 분야의 창작물이 가지는 재산상의 권리를 말해요.

가족관계등록부
2008년부터는 호주를 중심으로 가족 관계를 기록한 호적이 모두 가족관계등록부로 바뀌었어요. 여기에 담긴 개인 정보는 목적별로 나뉘어 제한적으로만 공개돼요.

조정
다툼을 해결하기 위해 법원이 당사자 사이에 끼어들어 서로 간의 양보를 통한 합의를 이끌어 내는 일이에요.

공정한 재판을 위한 제도

법원이 하는 일 중 가장 중요한 것이 재판이라고 했어요. 그런데, 재판을 할 때에는 무엇보다도 공정해야 하는 것이 중요해요. 공정한 재판을 위해서는 어떻게 해야 할까요? 지금부터는 공정한 재판을 위해 만든 제도들에 대해 알아보아요.

한 사건에 대해 3번까지 재판해요!

형사재판
피고인이 판사 앞에서 재판받고 있어요.

만약 어떤 사건이든 한 번의 재판으로 끝난다면 억울한 사람이 생기겠지요? 그래서 한 가지 사건에 대해서 3번까지 재판을 받을 수 있도록 제도를 만들었어요. 이것을 '3심제'라고 해요. 1심인 지방법원의 판결이 부당하다고 느껴지면 그 위의 고등법원 또는 지방법원 본원 합의부에서 2심 재판을 해요. 그리고 이 재판 결과에도 불만이 있다면 최고 법원인 대법원에서 마지막 3심 재판을 받을 수 있어요. 3심 재판은 마지막 재판으로 최종 판결이 되지요. 3심제는 재판과정에서 억울한 사람이 생기지 않도록 재판의 기회를 여러 번 주어 공정함을 추구하는 제도라고 할 수 있어요.

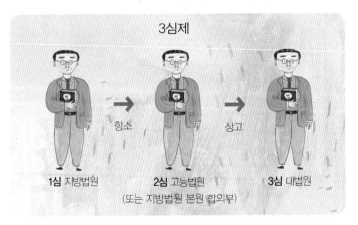

3심제

1심 지방법원 →(항소)→ 2심 고등법원 →(상고)→ 3심 대법원
(또는 지방법원 본원 합의부)

다른 기관의 눈치를 보지 않아요!

법을 만들고 그 법을 지키다가 문제가 생기면 누가 옳고 그름을 판단할까요? 민주주의 국가에서는 한 기관이 국가의 중요한 일을 마음대로 처리하는 것을 막기 위해 국가권력을 3개로 나누었어요. 이를 '3권 분립'이라고 하지요.

우리나라도 민주주의 국가로서 국가 권력을 입법, 행정, 사법으로 나누는 3권 분립을 헌법으로 규정하고 있어요. 입법부에서는 법을 만들고, 행정부는 그 법을 집행하고, 사법부는 법을 올바르게 해석하고 적용하는 일을 하지요.

입법, 행정, 사법 모두 독립을 보장해야 하지만, 그 중에서도 사법부의 독립은 양심에 따른 공정한 재판을 하기 위해 꼭 필요하지요.

우리나라에서는 법원이 독립적으로 일을 처리하고 공정한 재판을 이끌어 낼 수 있도록 사법부의 독립이 헌법으로 정해져 있답니다.

> **법률용어가 궁금해요!**
>
> **판결** 법원이 법률에 따라 내린 판단을 뜻해요.
>
> **1심** 어떤 사건에 대해 지방법원이 처음으로 하는 재판이에요.
>
> **2심** 1심 재판 결과를 받아들이지 않고 두 번째 하는 재판을 말해요.
>
> **3심** 2심 재판 결과에 만족하지 않고 세 번째 하는 재판으로, 이 판결로 최종 판단이 내려져요.
>
> **항소** 1심 재판의 판결에 따르지 않고, 상급 법원에 2심 재판을 청구하는 것을 말해요.
>
> **상고** 2심 재판의 판결에 따르지 않고, 상급 법원인 대법원에 재판을 청구하는 거예요.

입법 · 행정 · 사법의 3권 분립

입법
법을 만드는 것이에요.

행정
법률에 따라 나라 살림을 맡아 해요.

사법
만든 법을 적용해 판단해요.

다양한 재판, 다양한 법원

지금까지 공정한 재판을 하기 위한 제도에 대해서 알아보았지요? 이제부터는 이런 제도를 통해 이루어지는 재판과 재판이 이루어지는 법원에 대해 살펴보아요.

사건의 종류에 따라 재판이 달라져요

대법원에서 이루어지는 재판 중 대표적인 것은 민사재판과 형사재판이에요. 민사재판은 사람끼리 사소한 문제로 다툼이 생겼을 때 법으로 판결해 주는 재판이에요. 원고와 피고 모두 법률에 관한 도움을 받기 위해 변호사를 소송 대리인으로 선임할 수 있지요.

형사재판은 물건을 훔치거나 폭력을 휘두르는 등 사회적으로 법을 어긴 범죄자들을 처벌하기 위한 재판이에요. 이 때는 검사가 재판을 신청해요. 범죄자를 처벌하려는 검사와 죄를 의심받는 피고인이 맞서는데, 법률 지식이 없는 피고인을 위해 변호인의 도움을 받기도 해요.

이 밖에도 다양한 재판이 있어요. 아래 재판의 종류를 정리해 놓은 표를 통해 대법원에서 이뤄지는 재판이 얼마나 다양한지 살펴볼까요?

원고
법원에 민사소송을 한 사람이에요.

피고
민사소송에서 소송을 당한 사람을 가리켜요.

우아, 재판의 종류가 정말 많구나!

재판의 종류

민사재판	개인 간에 사사로운 문제로 다툼이 생겼을 때 법으로 이를 조정하는 재판이에요.
형사재판	강도, 살인, 절도, 폭행과 같은 범죄로부터 국민을 보호하고 사회질서를 바로잡기 위한 재판이지요.
행정재판	행정 기관이나 국가의 잘못 때문에 국민의 권리와 이익에 손해를 끼치는 일을 해결해 주기 위한 재판이에요.
헌법재판	헌법에 위배되는 법률, 규칙 등을 심사해 국민의 권리를 보호하는 재판이에요.
가사재판	가족 및 친족 간의 다툼이나 가정에 관한 일반적인 사건을 다루는 재판이에요.
선거재판	선거와 관련한 다툼을 다루는 선거소송 사건에 대한 재판이에요.
특허재판	특허권, 의장권, 상표권에서 생기는 다툼을 다루는 재판이에요.
군사재판	군인이 저지른 범죄에 대한 재판이에요.

여러 단계의 심급으로 구성된 우리나라 법원

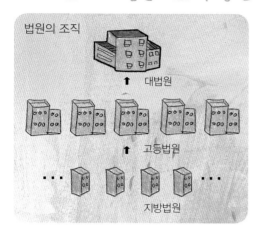

법원의 조직

대법원

고등법원

지방법원

우리나라의 법원은 우리나라 최고 법원인 대법원을 중심으로 고등법원·지방법원·지원 등 다양한 심급의 법원들로 구성되어 있어요. 대법원 아래에는 5개의 고등법원이 있고, 그 고등법원 아래에는 여러 개의 지방법원과 지원이 있지요. 이러한 법원들을 통해서 하나의 사건을 세 번까지 재판을 받을 수 있는 '3심제'를 구현하고 있지요.

이 외에도 가정법원, 행정법원, 특허법원 등의 전문 법원이 있어요. 이들 전문 법원은 가정 문제, 행정 문제, 특허 문제 등 전문성을 가진 법원이 필요해짐에 따라 만들었어요. 가정법원은 가족이나 친지 사이의 문제와 10세부터 19세 미만의 소년 범죄 등에 관한 재판을 맡아서 해요. 행정법원은 국가 행정기관의 잘못으로 피해를 받은 사건에 대한 재판을 맡아서 하고요. 특허법원은 최근 들어 눈에 띄게 활발해진 특허권이나 상표권 등 지적재산권에 대한 문제를 해결하기 위한 재판을 한답니다.

우리나라에는 다양한 심급의 법원뿐 아니라 전문 법원도 있어.

🏛 **지원**
지방법원의 아래 있으면서 일정한 지역에 따로 떨어져 그곳의 법원과 관련된 일을 맡아 처리해요.

🏛 **구현**
어떤 내용이 구체적인 사실로 나타나게 하는 거예요.

전문 법원

가정법원
가정과 소년에 관한 사건을 다루는 특수 법원이에요.

행정법원
행정 사건을 심판하기 위한 특수 법원이에요.

특허법원
특허권과 관련한 다툼을 다루는 특수 법원이에요.

생생한 재판이 열려요!

　우리나라 국민이라면 누구나 '재판청구권'을 가지고 있어요. 재판청구권은 피해를 입거나 억울한 일을 당했을 때 재판을 요구할 수 있는 권리랍니다. 재판은 국민의 기본권으로 보장되어 있는 중요한 권리인만큼 자세히 알아 둘 필요가 있겠지요?

　대법원은 마지막 재판인 3심 재판을 하는 곳이에요. 그러나 3심 재판은 1, 2심의 재판 내용과 증거 자료들을 보고 법률을 적용해 판결하기 때문에 치열한 말다툼이 오가는 생생한 재판 과정을 볼 수는 없어요. 실제 재판 과정을 직접 보고 싶다면 1, 2심 재판을 하는 고등법원이나 지방법원으로 가요.

서울고등법원을 가요!

이렇게 둘러보아요!

단체 견학

청사 중앙 계단(기념 촬영) → 법원 홍보 영상물 시청(대회의실) → 견학 공간 관람 → 실제 재판 방청(형사재판) → 모의재판(14시 단체 견학인 경우, 사전 신청 시 가능) → 판사와의 대화 → 기념품 증정

개인 견학

청사 중앙 계단 → 법원 홍보 비디오 시청(대회의실) → 견학 공간 관람 → 실제 재판 방청(형사재판) → 기념촬영(법정) → 기념품 증정

대법원에서 가장 가까운 고등법원으로는 서울고등법원이 있어요. 서울고등법원은 1908년 경성 공소원으로 시작했어요. 이후 일제 강점기와 한국 전쟁을 거치면서 1948년부터 지금과 같은 '서울고등법원'이라는 이름을 가지게 되었어요.

고등법원은 사건당사자가 지방법원에서 했던 1심 재판을 받아들이지 않는 경우, 2심 재판을 하는 상급법원이지요.

우리나라의 고등법원은 현재 서울, 대전, 대구, 부산, 광주의 다섯 군데에만 있어요. 제주도의 경우에는 광주고등법원 제주부가 설치되어 있어요. 지방법원에서 항소해 진행되는 2심 재판을 하는 법원이에요. 재판은 부장판사를 포함한 3명의 판사가 합의한 결과로 내려져요.

법정이 잘 보여?
나도 좀 보여 줘!

인터넷이나 전화로 미리 예약하세요!

서울고등법원도 대법원처럼 견학 일정이 있어요. 단체 견학은 인터넷으로 예약해야 해요. 매주 금요일 오전 10시에는 개인 견학을 원하는 사람을 모아 안내를 해 주지요. 단, 단체 견학 일정이 있는 경우에는 진행하지 않으므로, 개인 견학을 원한다면 담당자와 미리 통화한 뒤 예약하세요.

인터넷 및 전화 신청

홈페이지 http://slgodung.scourt.go.kr
(서울고등법원 소개 → 견학신청안내 → 견학신청 클릭!)
서울고등법원 관리과 견학 담당자 02)530-1191

서울고등법원 가는 방법!

지하철 2, 3호선 교대역 11번 출구에서 5분 정도 걸어
시내버스 340, 730, 3423, 4423
마을버스 서초01, 02, 03, 10

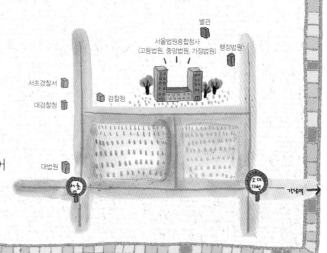

사형 제도, 꼭 필요할까요?

사형은 사람의 생명을 빼앗아 가는 형벌의 종류예요. 법에서 정한 우리나라의 형벌 중에서 가장 무거운 벌이지요. 그런데 죄를 지었다고 해서 사람이 사람의 생명을 빼앗는 것이 과연 옳은 일일까요? 그래서 사형 제도는 옛날부터 지금까지 끊임없이 논란이 되고 있어요.

사형 제도를 없애야 한다고 생각하는 사람의 의견은 다음과 같아요. 첫째, 사람이 내린 판결이라 실수할 수 있기 때문에 완전한 판결이라고 보기 어렵다는 거예요. 즉, 판결이 틀릴 수도 있고, 틀린 판결을 했을 경우 나중에 진실이 드러나더라도 그 사람의 생명을 다시 살릴 수 없다는 거예요. 사형 선고를 받았던 사람이 노벨 평화상을 받았고, 대통령이 된 경우가 있지요. 바로 김대중 전 대통령이에요. 두 번째로 사형 제도는 국민의 존엄성과 생명을 지켜야 한다고 정한 헌법 정신에 맞지 않는다는 거예요. 국가는 국민의 존엄성과 가치를 보장하도록 헌법에 정해져 있어요. 또, 사회질서를 어지럽히는 사람은 법률을 통해 제한할 수 있으나, 그 본질적인 인간의 존엄성은 지키도록 하고 있어요. 사람의 생명권은 그중 기본이 되는 것이므로 헌법에 어긋난다고 보는 것이지요. 세 번째로 벌을 주는 목적은 범죄자를 교육하여 바른 사람으로 만드는 것인데, 사형은 그 교육 자체를 포기하는 것이라는 점에서 반대하지요.

반대로 사형 제도를 찬성하는 입장도 있어요. 첫째, 점점 흉악해지는 범죄를 줄이는 데 효과가 있다는 것이에요. 사형이라는 무서운 벌 때문에 범죄를 저지르지 않게 되어 '범죄 예방 효과'가 있다고 보지요. 둘째로 억울하게 피해를 입은 사람의 입장에서 보면 죄를 지은 사람이 너무나 큰 죄를 짓고 피해를 주었으므로, 응당 그 대가를 받아야 한다는 거예요.

여러분은 사형 제도에 대해 어떻게 생각하나요? 우리나라는 1998년 이후 사형이 집행되지 않았지만, 매년 20명 내외의 사람이 사형을 선고 받고 집행을 기다리고 있어요. 2007년 10월 10일, 종교계와 '민주 사회를 위한 변호사 모임' 등 20여 개의 인권·시민 단체들로 구성된 '사형 폐지 국가 선포식 준비 위원회'는 〈사형 폐지 국가 선포식〉을 열고, "대한 민국은 사실상 사형 폐지 국가이다."라고 국제 사회에 선포했어요. 이제 우리나라도 사실상 사형 폐지국으로 분류되었다고 할 수 있지요. 법무부에서도 사형 제도를 폐지하고 절대적 종신형*을 실시하려고 준비 중이랍니다.

* 절대적 종신형 : 평생 감옥에 있어야 하며, 중간에 형벌이 줄어들 수 없는 형벌이에요.

법의 역사 속으로 떠나요!

  법과 법원이 하는 일, 즉 재판에 대해서 알게 되었나요? 아직도 궁금한 점이 많다고요? 그러면 지금부터 법원사 전시실에서 법의 역사와 우리나라의 법과 법원에 대해서 좀 더 알아보기로 해요.

  대법원 견학의 세 번째 코스인 법원사 전시실은 우리나라의 법과 사법기관의 역사를 알려 주는 곳이에요. 먼 옛날, 고조선의 8조 법금에서부터 조선 시대의 형조, 근대적 사법제도의 출발점인 1895년의 을미 개혁과 현재의 사법부까지 변화된 모습을 사진과 그림을 통해 만날 수 있어요. 또한 과거의 법관들이 입었던 법복과 유물들, 과거 재판기록 등 우리 법원의 지난날을 살펴볼 수 있어요.

사법부의 역사는 얼마나 됐을까?

지금 우리가 알고 있는 사법부의 형태는 100여 년 전인 조선 시대 말, 1895년에야 비로소 틀을 갖추었어요. 그렇다고 그 이전에 법을 집행하는 사법 제도가 없었던 것은 아니에요. 다만 근대적인 재판소가 나오기 이전에는 행정부와 사법부가 나뉘어 있지 않아서 지금의 시장, 구청장 같은 행정 관리들이 재판을 했어요.

개화기 이후 근대적인 사법부가 생겨나고 여러 재판소가 설치되면서 국민들은 좀 더 공정한 재판을 받게 되었고, 법에 따라 보호받을 수 있었어요. 그러나 일본이 우리나라를 강제로 점령하면서 사법권을 모두 빼앗아 갔어요. 그러고는 사법부를 우리나라 사람을 지배하는 도구로 삼았어요. 사람은 재판소를 무서워했고 억울한 대우를 받아도 항소하거나 하소연할 수가 없었지요.

1945년, 광복과 함께 대한 민국 정부가 들어서면서부터 사법부는 다시 독립된 힘을 갖게 되었지요. 그러나 이것도 잠시뿐이고, 1961년과 1980년의 군사 쿠데타로 권력을 잡은 군사정권 때문에 사법부는 힘을 많이 잃었어요. 그리고 군사정권에 반대했던 판사들은 억울하게 물러나기도 했지요. 하지만 사회가 점차 민주화되면서 사법부는 다시 독립적인 힘을 되찾아 사회의 정의와 국민의 권리를 지키기 위해 힘쓰고 있답니다.

🚔 **쿠데타**
힘으로 정권을 빼앗는 것을 말해요.

법원사 전시실 입구

이런 어려움을 딛고 지금의 사법부가 있다는 것은 수많은 사람의 노력이 있었기 때문일 거예요.

그럼, 파란만장했던 사법부의 역사 속으로 들어가 볼까요?

우리나라의 법과 관련된 전시물로 가득 차 있구나!

법원사 전시실, 이렇게 둘러보세요!

① 법원의 역사
고조선부터 현재에 이르는 우리 법의 역사를 알 수 있어요.

② 역대 대법원장 초상
초대 대법원장 김병로의 초상을 비롯해, 역대 대법원장들의 초상이 전시되어 있어요.

③ 법복의 변천사
일제 강점기부터 현재까지 법복의 변천 과정을 볼 수 있어요.

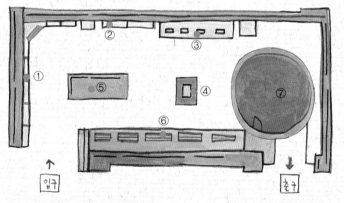

⑤ 구 서소문 대법원 청사 모형
지금의 대법원 청사가 만들어지기 전까지 사용되던 대법원 청사를 모형으로 전시해 놓았어요.

⑥ 법원사 유물
재판과 관련한 문서와 이 문서에 쓰이는 직인이나 형인과 같은 도장류를 전시하고 있어요.

④ 법원사 열람대
법원사, 사법연감, 법전을 직접 열람할 수 있어요.

⑦ 영상실
영상물 '법원사 100년의 발자취'를 감상할 수 있어요.

옛날의 법은 어떤 모습일까요?

집회
여러 사람이 어떤 목적을 위해 일시적으로 모이는 거예요.

씨족
공동의 조상을 가진 공동체예요.

우리나라에는 오랜 옛날부터 다툼이 생기면 공정하게 재판하는 훌륭한 사법제도가 있었어요. 초기의 부족 사회일 때는 민중 집회나 씨족의 우두머리에게만 재판을 할 수 있는 권한이 있었지요.

우리나라 최초의 국가인 고조선은 '8조 법금'이라는 법을 만들어 나라를 다스렸어요. 모두 8개의 조항이 있었는데, 지금은 3개 조항만 중국의 《한서지리지 연조》라는 책에 전해지고 있어요. 그 내용은 다음과 같아요.

> **8조 법금**
> 첫째, 남을 죽인 자는 사형에 처한다.
> 둘째, 남을 다치게 한 자는 곡물로써 갚는다.
> 셋째, 도둑질한 자는 종으로 삼는데, 용서를 받으려면 50만 전을 내야 한다.

이 법으로 미루어 보아, 고조선 사회는 법으로 유지되는 사회였음을 알 수 있지요. 내용을 자세히 되짚어 보면, '곡물로써 갚는다.'는 내용에서 고조선이 농경 사회였다는 것도 알 수 있어요. 셋째 조항의 '종으로 삼는다.'는 내용과 '50만 전을 내야 한다.'는 내용은 사유재산이 인정되고 있었으며, 화폐가 사용되고 있었음을 보여 주고 있어요.

삼국 시대의 법

　삼국 시대에는 중국의 법률을 참고로 해 법을 만들었어요. 신라는 살인죄를 사형에 처하고 물건을 훔친 사람에게는 그 손해를 물어주게 했어요. 특히 삼국 가운데 고구려는 길에 떨어진 물건도 함부로 줍지 않을 정도로 엄격한 법으로 다스렸대요. 373년 고구려 소수림왕은 율령을 반포해 각 지방별로 달리 집행되던 법의 내용을 통일했어요. 같은 죄를 지었는데, 누구는 가벼운 벌을 받고 누구는 중형을 받는 일이 사라진 것이지요.

고려 시대의 법

　고려 시대 역시 중국 당나라의 법률 중에서 고려에 맞는 것들을 골라 '고려율'을 만들었어요. 고려 말기에는 고려율을 바꾸지 않고 그때그때 필요에 따라 왕법을 만들어 사용했어요. 개인끼리 다툼이 생겼을 경우에는 지방의 관리가 재판관이 되어 사회의 풍속이나 질서에 따라 재판

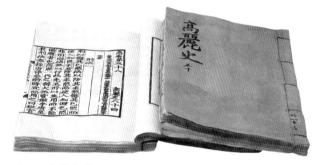

《고려사 형법지》
당나라의 법률을 참고로 한 고려율 71개조가 있었다고 기록되어 있어요.

을 진행했어요. 중앙에는 904년 '의형대'라는 사법 기관을 두어 법에 관한 내용을 살피고 재판하도록 했지요.

음, 고조선 때부터 사법 제도가 있다고 했는데….

여기서
잠깐!

각 시대에 맞는 법과 그 특징은 무엇일까요?
우리나라에는 오랜 옛날부터 훌륭한 사법제도가 있었어요. 다음에 나열된 옛날의 법과 그 특징을 시대별로 알맞은 것끼리 짝지어 보세요.

고려　●　　　　　● 8조 법금이라는 법을 만들어 나라를 다스렸어요.

고조선　●　　　　　● 지방 관리가 재판을 진행했어요.

고구려　●　　　　　● 법이 엄격했어요..

정답은 56쪽에

27

발전한 조선 시대의 사법제도

《경국대전》
조선 시대에 만든 최고의 법전이에요.

조선 시대에는 사법제도가 더욱 발전했어요. 《경국대전》이라는 법전을 만들고, 재판을 할 수 있는 여러 관청을 두었어요. 판결이 억울하면 더 높은 관청에 가서 재판을 받을 수도 있었지요. 하지만 행정 관리가 재판을 진행하다 보니 공정한 판결을 내리기 어려웠어요. 그래서 이 때는 때리거나 고문하여 죄인으로부터 자백을 받기도 했지요.

여봐라, 저 죄인이 바른 말을 할 때까지 매우 쳐라!

사또 나리, 제가 죽을 죄를 졌습니다. 한 번만 용서해 주십시오.

조선 시대의 사법기관

조선 시대에는 법과 그에 따른 제도가 발전한 만큼 사법기관의 종류 역시 매우 다양했어요. 조선 시대의 재판제도는 더욱 정비되어 지방 수령인 목사, 부사, 군수, 현령, 현감이 민사재판과 가벼운 형사 사건을 처리했어요. 그리고 각 도의 관찰사가 상소심과 비중이 큰 형사 사건을 제1심으로 처리했어요. 형조는 법률, 형사소송, 민사소송을 관장하는 기관으로, 지방의 수령이 담당하는 일반 사건의 상소심 재판을 했어요. 지금의 법무부에 해당하는 형조는 나라의 법에 관한 책임을 맡은 사법기관이었답니다.

이에 비해 사헌부, 한성부, 의금부 등은 중앙의 사법기관으로, 각각 맡은 재판이 달랐어요. 사헌부는 관리들의 비리나 부정을 감찰하는 곳으로 지금의 검찰청과 비슷한 일을 했어요. 한성부는 호적 및 부동산 관련 소송을 맡아보던 관청으로 지금의 서울 시청과 같은 일을 했지요. 의금부는 국왕 직속의 사법기관으로 역모를 꾸민 죄인을 잡아들여서 심문하던 곳이었어요.

감찰
관리들의 행동을 감독하여 살피는 거예요.

역모
반역을 꾀하는 일이에요.

재판을 위한 특사, 암행어사

조선 시대에는 여러 곳을 다니며 지방 관리들을 비밀리에 감시하던 암행어사가 있었어요. 암행어사는 백성들의 어려운 사정을 듣고, 억울한 죄인이나 재판 사례가 있으면 재심하여 해결해 주었어요. 왕의 특명을 받고 지방에 파견된 암행어사는 지방관을 대신해 일종의 순회재판소의 역할을 한 것이지요.

암행어사 출두
암행어사가 마패를 들고 "암행어사 출두요~."를 외치면 탐관오리들은 도망 가기 바빴어요.

암행어사 파견에 대해서는 반대 의견이 있었음에도 불구하고 역대 왕들은 암행어사를 꾸준히 파견했어요. 임진왜란과 병자호란 이후 왕조 정치가 점점 쇠퇴하자 더욱 빈번하게 파견되었지요.

재심
중대한 잘못이 발견되어 다시 재판하는 거예요.

여기서
잠깐!

조선 시대의 사법기관이 아닌 것을 골라 보세요.

사법제도가 발달한 조선 시대에는 여러 사법기관이 있었고, 각 기관에 따라 맡은 재판도 달랐어요. 다음 중 조선 시대의 사법기관이 아닌 것을 골라 보세요. (   )

1. 사헌부   2. 형조   3. 성균관   4. 의금부

도움말 성균관은 고려 말과 조선 시대의 최고 교육 기관이에요. 사헌부와 의금부는 중앙의 사법기관이고, 형조는 지금의 법무부와 같은 사법기관이었어요.

정답은 56쪽에

파란만장한 근대의 사법제도

조선 말기에 우리나라는 큰 위기를 맞게 돼요. 강한 군대로 무장한 여러 나라들이 우리나라를 침략하고 서로 이권을 빼앗아 가려고 싸웠어요. 이를 보다 못한 농민들은 동학 농민 운동을 일으켰지요. 비록 이 운동은 실패했지만 이를 계기로 나라를 지키기 위해 개혁이 필요하다는 생각을 가진 사람이 많아졌어요.

이권
이익을 얻을 수 있는 권리예요.

최초의 재판소 탄생!

1894년 고종은 우리나라 최초의 근대적 헌법이라고 볼 수 있는 '홍범 14조'를 반포하여 법치주의 원칙을 밝혔어요. 또, 이 당시 동학 농민군에 대한 재판이 폭주해 형조와 의금부를 통합·개편한 법무아문 산하에 '법무아문 권설 재판소'를 두어 재판 사무만을 맡게 했지요. 드디어 우리 역사상 처음으로 '재판소'라는 명칭과 기구가 탄생한 거예요. 그리고 1895년 을미 개혁 이후에는 법률 제1호인 '재판소 구성법'이 발표되고 지금과 같은 재판소가 생겨났어요. 1895년 4월 15일 최초의 근대적 재판기관인 '한성재판소'가 현재의 종로구 서린동에 설치되었어요. 이로써 행정권에서 사법권이 독립하게 되었지요. 이제 죄를 지은 사람은 재판소에서 법관을 통하여 법이 정한 대로 공정하게 재판받게 되었어요.

폭주
어떤 일이 처리하기 힘들 정도로 한꺼번에 몰리는 거예요.

《한국 법전》 1910년 당시 시행 중이던 대한 제국의 법령을 모두 모아 펴냈어요.

《형법대전》
1905년에 만든 것으로, 기존의 법률을 폐지하고 새롭게 만들었어요.
그러나 내용은 여전히 봉건적인 형법을 벗어나지 못했어요.

을미 개혁 때 공포된 재판소 구성법에 따라 1908년부터는 부재판소, 지방재판소, 항소원, 최고 법원인 대심원으로 재판소를 나누어 설치했어요. 게다가 재판 판결에 대해 불만이 있으면 더 높은 법원으로 가서 세 차례까지 재판을 받을 수 있도록 했어요. 오늘날의 3심제와 무척 닮았죠? 조선 시대의 의금부는 을미 개혁 이후 고등재판소 역할을 하다가 1899년에는 평리원으로 개편되었어요. 이렇듯 개화기에는 사법제도 역시 많은 변화를 겪게 되었지요.

하지만 조선이 일본의 지배를 받게 되면서 재판소는 모두 문을 닫았고, 일본이 세운 통감부 재판소가 모든 사법권을 갖게 되었답니다.

근대 사법에 의한 제1호 판결은 무엇일까요?

동학 농민 운동의 혐의를 받은 사람에 대해 증거가 충분하지 않아 무죄로 방면*한 판결이에요. 조선 침략에 대한 야심을 드러냈던 일본에 저항한 농민군에 대해 무죄로 내린 이 판결은 우리나라 근대 사법 1호 판결이라는 것과 함께 역사적으로도 귀중한 의미를 가져요.

*방면 : 붙잡아 가둬 두었던 사람을 놓아주는 것이에요.

법무아문 권설 재판소 1호 판결문

조선인한테 재판소를 맡길 순 없지.

사법권이 일제의 손에 넘어가다

1909년 대한 제국의 사법권은 일본에게로 넘어갔어요. 일본은 사법부를 행정기관인 통감부 아래에 두어 우리나라를 지배하기 위한 수단으로 이용했어요. 일본의 통제 아래 조선 사람은 불평등한 대우를 받았고, 많은 독립 운동가들이 나라의 독립을 위해 일한다는 이유로 감옥에 들어갔어요.

일본은 사소한 범죄의 경우에는 재판을 하지 않고 경찰관이 직접 판결할 수 있도록 '범죄즉결례'를 만들어, 조선 사람이 조선인 법관에게 재판받을 권리를 빼앗았어요. 심지어 우리나라 사람의 민족혼을 없애려고 강제로 일본식 이름으로 바꾸게 하는 법까지 만들기도 했어요.

일본식 이름을 강요한 일본

일본은 우리나라의 민족성을 없애기 위해 우리의 이름을 일본식 이름으로 강제로 바꾸는 법을 만들었어요. '일본식 성명 강요'는 일본이 사법권을 식민 통치를 위해 이용한 대표적인 법이에요. 이 법은 1945년 일본이 전쟁에서 패할 때까지 우리 민족을 괴롭혔어요.

일본식으로 이름을 바꾸기 위해 줄을 선 사람

또한 일본은 '조선태형령'이라는 악법을 만들었어요. 이 법은 죄를 지은 사람에 대하여 태형을 가할 수 있도록 정한 법이에요. 일제 강점기에 조선 사람에게만 적용되는 법이었어요. 태형은 곤장을 치는 형벌인데, 그 정도가 심해 억울하게 목숨을 잃는 사람도 많았다고 해요. 이 때는 태형뿐만 아니라 심한 고문으로 인간적인 권리는 철저히 무시되어있어요.

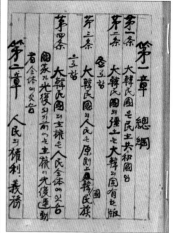

대한 민국 임시정부가 만든 헌법
1944년 대한 민국 임시정부가 만든 헌법인 '임시헌장'이에요.

한편, 우리나라에서는 이런 상황에 대해 저항하는 움직임이 있었지요. 우리나라의 뜻있는 변호사들은 독립 운동가와 조선 사람의 권리를 변호하였고, 중국 상하이에 있는 임시 정부는 1919년 민주적인 헌법을 만들었지요.

광복과 함께 사법권을 되찾다 1946년-1957년

1945년 일본이 전쟁에서 패하면서 우리나라는 해방을 맞이했고, 우리 민족을 괴롭히던 악법들도 사라졌어요.

해방 뒤 곧이어 들어온 미군은 일본인 법관을 몰아내고 한국인 법관을 임명했어요. 모두 힘을 모아 새로운 법원을 만들기 위해 노력했고, 대한 민국이 수립되면서 드디어 헌법에 의해 독립된 사법부가 탄생했어요. 또, 지금과 같은 대법원, 고등법원, 지방법원이 생겼으며, 법원은 입법부, 행정부로부터 독립해 원래의 사법권을 되찾았어요. 초대 대법원장인 김병로는 사법부의 독립을 강조했고, 새로운 재판제도를 만드는 등 사법부의 기초를 튼튼히 닦았어요.

구 서소문 청사 모형

아래 사진은 지금의 대법원 청사가 지어지기 전까지 사용한 대법원 청사 모형이에요. 이 건물을 위에서 보면 일본을 의미하는 '日(날 일)'자 모양이에요. 우리나라가 일본의 식민지였다는 슬픈 사실을 떠올리게 하는 건물이지요. 일제 강점기인 1928년 서소문에 세워졌고, 현재는 서울시립미술관으로 사용되고 있어요.

구 서소문 청사 모형

해방이 된 뒤 독립적으로 발전해 온 법원은 1960년 5·16 군사 쿠데타로 군사정권이 들어서면서 다시 위기를 맞게 돼요. 정부는 법관을 임명하는 데 정부의 허락을 얻게 하는 등 많은 간섭을 했어요. 사법부가 정부의 영향 아래 놓이면서 힘이 약해졌고, 정부로부터 국민의 안전과 권리를 지킬 수 없게 된 거예요.

이 시기에 한 병사가 군용 트럭 뒤에 타고 부대로 가던 중 차가 급히 멈추는 바람에 차에서 떨어져 죽는 사건이 일어났어요. 당시의 국가배상법으로서는 군인은 전사하거나 사고를 당했을 때 아무런 보상을 받을 수 없었어요. 하지만 죽은 군인의 부인은 국가를 상대로 보상을 요구하는 소송을 냈고, 이 소송은 대법원까지 올라갔어요. 대법원은 이 사건에 적용된 법이 '모든 국민은 법 앞에서 평등하다.'는 헌법원리에 맞지 않는다고 판단해 위헌이라고 판결했지요.

그뿐 아니라 국가가 부인에게 돈을 배상하도록 했어요. 이 판결은 사법부가 정부의 억압에도 불구하고 사법부의 힘을 보여 준 획기적인 일이었어요. 이 일을 계기로 사법부에서는 좀 더 의미 있는 움직임을 보이기 시작했어요.

1970년대에 들어서면

최초의 한글 전용 판결문 (1961. 9. 21)
1961년 이전에는 한글과 한자를 섞어서 판결문을 작성했어요. 그러다 이 때부터 한글 전용 판결문이 나오기 시작했어요.

군사정권에 조종당했던 법원

 위헌
헌법에 맞지 않는다는 뜻이에요. 헌법은 모든 법의 기본이 되기 때문에 위헌인 법은 무효가 되지요.

배상
피해를 입힌 것에 대해 갚아 주는 것을 말해요.

사법부의 힘이 불끈불끈 솟아오르네.

서 사법부의 뜻있는 판사들은 정부의 압력에 맞서 소신 있게 공정한 판결을 내리려는 움직임을 보였어요. 그러자 1971년, 정부는 해당 판사를 조사해 **구속**하려고 했지요. 이에 많은 법관들이 독립적인 사법부를 지키기 위해 사표를 냈는데, 이 사건을 '사법 **파동**'이라고 해요. 하지만 이런 움직임은 끝내 성공하지 못했고 뜻있는 판사들은 강제로 판사직에서 물러나고 말았어요.

국민의 권리를 지키기 위해 계속되는 노력 `1980년-현재`

1979년 박정희 대통령이 **시해**되면서 사법부는 다시 독립적인 힘을 되찾은 듯했어요. 그러나 전두환 소장이 중심이 된 군사 쿠데타로 제5공화국이 들어서면서, 사법부는 다시 어려움을 겪었지요. 하지만 80년대 후반 민주화의 분위기가 강해지면서 법원은 독립적인 위치를 가지고 국민의 권리를 지킬 수 있게 되었어요. 그 후 오늘날의 사법부는 더욱 공정한 판결을 내리고 국민에게 봉사할 수 있도록 노력하고 있답니다.

현재의 재판 모습
광주지방법원에서 열린 제4회 국민참여 형사 모의재판 모습이에요.

구속
법원이나 판사가 범인을 강제로 일정한 장소에 잡아 가두는 일을 말해요.

파동
사회적으로 어떤 현상이 퍼져 커다란 영향을 미치는 거예요.

시해
죽임을 당했다는 뜻이에요.

법복을 입어 보세요!

법복은 재판을 하는 법정에서 법관들이 입는 옷이에요. 법원사 전시실에는 일제 강점기의 법복부터 현재 사용하고 있는 법복까지 모두 전시되어 있어요. 현재의 법복은 한복을 개량해서 디자인한 것이에요. 검정으로 전통성을 유지하면서 앞단에 법원을 상징하는 문양을 넣었어요. 또, 넥타이(남성)와 에스코트 타이(여성)는 회색 계열을 사용하고 있어요.
현재 사용하고 있는 법복은 모의재판을 체험할 경우 입어볼 수 있답니다.

법복의 변천

쉿! 여기는 엄숙한 법정이에요!

지금까지 법원사 전시실에서 우리나라의 법과 법원의 역사에 대해 배웠지요?

이제부터는 우리 법이 살아 숨 쉬는 현장으로 떠날 거예요. 법원사 전시실에서 나와 두 개의 모퉁이를 돌아 육중한 문을 열면, TV 속에서 많이 보았던 익숙한 풍경이 펼쳐질 거예요.

바로 실제 재판이 열리는 법정이랍니다. 대법원에는 소법정과 대법정이 있어요. 보통 대법원에 올라온 사건들은 소법정에서 재판을 해요. 소법정은 대법관 네 명으로 구성된 재판부가 재판할 때 사용되지요. 대법원에는 3개의 재판부가 구성되어 있는데, 이 재판부에서 의견이 일치하지 않거나 사회적으로 영향력이 큰 사건 같은 경우에는 대법관 13인이 참여하는 전원합의체* 판결을 하게 되지요. 이 때 주로 사용되는 곳이 대법정이에요. 그럼, 법정 안으로 들어가 볼까요?

* 합의체 : 세 사람 이상의 법관으로 구성하는 재판기관이에요. 혼자서 내리는 판단의 위험을 최대한 줄이기 위한 것이지요.

재판의 형식을 알아보아요!

드디어 재판을 직접 진행하는 법정에 들어왔어요. 대법원에는 소법정과 대법정이 있어요. 보통 대법원으로 올라온 사건들은 맨 처음 소법정에서 재판을 하게 되지요. 소법정에서는 대법관 네 명이 재판을 하는데, 대법관 4명의 의견이 모두 일치해야 판결이 나와요.

이번 판결은 아무래도 대법정까지 갈 모양이야.

만약, 한 사람이라도 의견이 일치하지 않는다면 좀 더 신중하게 판결하기 위해 대법정으로 옮겨 재판하게 되지요. 이것은 소수의 의견이라도 존중해야 한다는 뜻이기도 해요.

민사재판의 경우에는 원고, 피고, 변호사, 판사가 참여해요. 형사재판의 경우에는 검사, 피고인, 변호인, 판사가 참여하지요.

2008년 1월부터는 형사재판에 일반인이 배심원으로 참여하는 '국민참여재판'이 시행되어 법정의 풍경도 많이 달라졌어요.

그럼, 지금부터 법정 안을 구석구석 살펴볼까요?

피고와 피고인이 같은 말일까요?
형사재판에서는 검사와 피고인이, 민사재판에서는 원고와 피고가 서로 맞서게 돼요. '피고'는 민사재판을 신청한 '원고'의 반대되는 명칭이기 때문에, 죄를 지은 것으로 의심받는 형사재판의 '피고인'과는 다르다는 걸 꼭 기억하세요!

실제로 대법원 소법정에서 열리는 재판에서는 검사나 변호사가 자리에 앉지 않고, 판사가 직접 판결을 내린다고 해요. 사진에 있는 설명은 일반적인 고등법원에서 실시하는 재판 모습이니 참고하세요.

형사재판을 하는 법정(대법원의 소법정)

검사석
이 곳에서 검사는 피고인이 잘못한 점을 지적하여 적당한 벌을 내리도록 해요.

판사석
이 곳에서 판사는 재판을 이끌어 가고 판결을 해요.

변호사석
이 곳에서 변호사는 피고인을 보호하고 도와주는 일을 해요.

피고인석
피해를 주었다고 생각되어 재판을 받는 사람이 앉는 곳이에요.

국민참여재판을 하는 법정(서울고등법원)

배심원석
일반 국민들 가운데서 뽑힌 사람이 죄에 대해 판단하게 돼요.

판사석

증인석
재판하는 사건에 대해 자기가 보거나 경험한 사실을 말하는 사람이 앉아요.

검사석

참여 사무관석
재판 과정을 기록하는 등 재판에 관한 행정 업무를 담당해요.

피고인·변호인석

함께 하는 재판, 국민참여재판

우리나라는 1895년 근대적 사법제도가 시작된 이후, 원칙적으로 국민의 재판참여가 허용되지 않았어요. 재판은 판사, 검사, 변호사 같은 전문적인 법조인만 할 수 있었지요. 하지만 2007년 4월 30일, '국민의 형사재판 참여에 관한 법률'이 통과되어 국민이 배심원으로 재판에 참여할 수 있게 되었어요.

최근 연쇄 살인 사건, 성폭행 범죄 등 사회를 유지하기가 어려울 정도로 흉악한 사건들이 잇달아 발생하면서 사회 단체를 중심으로 배심 제도가 필요하다는 의견이 많이 나왔어요.

'국민참여재판'은 국민이 배심원으로 형사재판에 참여하는 재판이에요. 일반 시민이 배심원으로 재판에 참여하여 판사의 보조 역할을 하는 것이지요.

배심원은 무작위로 선정된 5~9명의 일반인으로 구성되는데, 만 20세 이상의 대한민국 국민이면 누구나 될 수 있어요. 배심원단은 재판의 법정 공방*이 끝난 뒤 '평의

서울서부지방법원에서 열린 모의 국민참여재판의 모습

실'에 따로 모여 피고인의 유죄와 무죄를 논의해요. 여기서 배심원단의 의견이 만장일치로 통과되어야 판결이 나요. 만약 계속해서 결정이 나지 않으면 재판을 맡은 판사의 의견을 듣고 다수결로 결정해요. 유죄가 결정된 뒤에는 판사와 함께 벌을 얼마나 주어야 적절할지도 같이 토의해요. 그러나 판사가 배심원의 결정을 무조건 따라야 하는 것은 아니에요. 이것은 법률로도 규정되어 있어요. 판사가 배심원의 의견을 따르지 않을 때에는 법정에서 피고인에게 그 이유를 설명해야 해요. 또, 판결문에도 그 이유를 반드시 상세히 밝혀야 하지요.

국민참여재판 홍보 광고
2008년 1월부터 실시된 국민참여재판을 홍보하기 위해 제작한 광고예요.

국민참여재판의 의미

오늘날 호주, 캐나다, 영국, 뉴질랜드 등 50여 개 나라에서 실시하고 있는 형사 배심 제도의 경우, 아무런 전문 지식이나 비슷한 경험조차 없는 일반인들에게 유죄와 무죄를 묻는 것이 과연 문제가 없는지 계속해서 논란이 되고 있어요.

그러나 배심 제도는 국민이 직접 사법 과정에 참여한다는 점에서 민주주의 원리에 알맞은 제도라고 볼 수 있어요. 배심원의 판결은 상식에 기초해, 일반인이 쉽게 이해할 수 있는 재판 결과를 기대할 수 있고요. 또 재판이 제대로 이루어지는지를 감시해 충실한 재판을 이끌어낼 수 있어요.

처음부터 완벽한 제도는 세계 어느 곳에서도 존재하지 않을 거예요. '국민참여재판'이라는 새로운 제도가 우리나라의 현실에 맞게 모습을 바꾸어 나갈 수 있도록 관심과 애정을 가지고 지켜 보세요.

＊공방 : 서로 공격하고 방어하는 것을 뜻해요.

재판에 참여하는 사람

법정에서 법에 대한 전문 지식을 가지고 재판에 참여하는 사람을 법률 전문가라고 하지요. 그럼, 법률 전문가들은 어떤 역할을 하는지 자세히 살펴보아요.

법관

법관은 재판을 결정하는 판사를 통틀어서 말해요. 대법원에는 대법원장과 대법관이 있고, 고등법원과 지방법원 등에는 판사가 있지요. 법관은 사람 사이에 분쟁이 있을 때 법률에 따라 양심을 가지고 공정한 판단을 내리는 일을 해요.

검사

검사는 범죄를 막고 사회 질서를 지키는 일을 맡은 공무원이에요. 범죄가 발생하면 경찰을 지휘해 그 범죄를 수사하고 범인을 잡는 일을 하지요. 그 이후에는 법원의 형사재판에 참여해 범죄자에게 알맞은 형벌을 주게 만들어요.

변호사

변호사는 법에 익숙하지 않은 일반 국민들에게 재판에 관련된 모든 업무를 도와주고, 피고인의 입장에서 피고인을 보호하고 대변하는 역할을 한답니다.

법조인이 되고 싶어요!

법조인이 되려면 국가에서 실시하는 사법 시험에 합격해야 해요. 시험에 합격한 사람은 2년 동안 사법연수원에서 법과 관련된 교육을 받고 각각 판사, 검사, 변호사로 자신의 길을 정하게 되지요. 사법시험은 판사, 검사, 변호사가 되려는 사람에게 학식과 능력을 갖추고 있는지 알아보는 시험이에요. 이 시험은 매년 실시하는데, 나이나 학력의 제한이 없어요. 그런데 2009년부터 여러 대학

신임 법관 임명식
대법원장 앞에서 신임 법관들이 정의로운 법조인이 되겠다는 선서를 하고 있어요.

에 로스쿨이 설립될 예정이에요. 지금의 사법시험으로는 법조인의 수가 충분하지 않아 국민들이 법률적인 도움을 받기 어렵기 때문이에요. 대학을 졸업한 후 법학전문대학원인 로스쿨에서 3년 동안 교육을 받고 자격시험을 치른 뒤, 희망과 성적에 따라 자신의 진로를 정해요.

법조인이 되려면 지식과 능력도 중요하지만, 양심적이고 공정한 마음가짐이 가장 중요해요. 또 다른 사람의 생각을 이해하려는 마음을 가진다면, 재판을 받는 사람의 마음도 잘 이해하는 훌륭한 법조인이 될 수 있어요.

여기서 잠깐!

재판에 참여하는 사람이 하는 일은 무엇일까요?

법정에서는 판결을 내리거나 피고인을 변호하는 등 각각 맡은 역할이 다른 사람이 참여해요. 아래 내용을 잘 읽고, 재판에 참여하는 법률 전문가와 하는 일을 알맞게 짝지어 보세요.

법관 ●　　　　　● 일반 국민들의 재판 업무를 돕고, 피고인을 대변하는 역할을 해요.

변호사 ●　　　　　● 범죄가 일어나면 경찰을 지휘해 사건을 조사하고, 범인을 붙잡아 재판에 넘겨요.

검사 ●　　　　　● 원고와 피고, 검사와 변호사의 주장을 듣고 공정한 판결을 내리는 사람이에요.

정답은 56쪽에

생생한 재판을 체험해요!

와! 신난다!
드디어 나도 법복을
입어 보네.

　소법정에서는 실제 법관이 입는 법복을 입고 모의재판도 체험해 볼 수 있어요. 소법정에서 판사, 검사, 변호사, 피고인이 앉는 좌석을 잘 기억해 두었지요? 그러면, 지금부터 각자의 역할을 맡아 재판을 열어 보세요.

　모의재판 체험에 소요되는 시간은 10분에서 15분 사이랍니다. 짧은 시간이지만 실제 법정에서 재판을 체험하는 것은 아주 특별한 경험이 될 거예요. 대법원에 방문한다면 모의재판 체험의 기회를 놓치지 마세요.

피고인이 도시락을 훔친 장면을 증언할 증인

재판장과 배석 판사들의 모습

사건 기록을 훑어 보고 있는 변호인의 모습

모의재판은 이렇게 진행해요!

지금까지 배웠던 법과 법원에 대한 지식을 바탕으로 모의재판 과정을 체험하는 시간이에요. 실제 판사들이 입는 법복을 입으면, 마치 판사가 된 것처럼 의젓해질 거예요. 검사와 피고인, 변호인과 증인의 얘기를 잘 듣고, '도시락을 훔친 사건'에 대해 판결을 내려 보세요.

1. 판사님이 아주 젊은걸요? 재판장과 배석판사*가 재판 내용을 읽어 보고 있는 중이랍니다.

2. 검사가 피고인에게 벌을 줄 것을 요구하고 있어요.

3. 피고인이 검사의 질문에 답하고 있어요. 굉장히 난처한 표정이네요.

4. 변호사를 맡은 친구는 피고인을 변호하느라 열심이에요.

5. 증인이 도시락을 훔쳐 먹은 장면을 보았다고 증언하고 있어요.

6. 소법정의 방청석이에요. 표정들이 자못 심각하네요. 판사는 어떤 결론을 내릴까요?

*배석판사 : 재판장 이외의 판사를 가리켜요. 소송을 맡은 건 아니지만 재판장에게 알리고 증인을 심문할 수도 있어요.

가인 흉상과 정의의 여신상

소법정을 나와서 대법정으로 들어가다 보면 넓은 광장이 나와요. 이 광장에 들어서면, 누군가가 이 곳을 지그시 바라보는 느낌이 들 거예요. 이 시선의 주인공은 바로 가인 김병로 초대 대법원장이에요. 신임 법관은 모두 여기에서 초대 대법원장이 지켜보는 가운데 임명된답니다. 김병로는 우리나라 사법부를 다시 일으켜 세우고, 사법부의 독립을 위해 애쓴 모든 법관들의 모범이 되는 분이거든요. 앞으로 여러분 중 누군가는 이 곳에 서게 될지도 몰라요.

이 분이 누군지 알아?

그럼, 난 벌써 설명부터 슬쩍 읽어 봤다고!

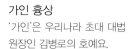

가인 흉상
'가인'은 우리나라 초대 대법원장인 김병로의 호예요.

우리나라 초대 대법원장, 김병로

일제 강점기에는 항일 변호사이자 독립 운동가로, 광복 후에는 대한 민국 사법부의 기초를 닦는 데 힘썼어요. 1905년에는 나라를 일본에 맡긴다는 을사늑약이 체결되자, 의병 활동을 시작했어요. 그러다가 일본 사람에게 차별받고 고통당하는 백성들을 보고 그들을 보호하는 변호사가 되어야겠다고 결심했다고 해요.

그래서 법학을 배우기 위해 일본으로 건너갔고, 우수한 성적으로 졸업하여 고국으로 돌아왔지요. 드디어 변호사가 된 김병로는 광복이 되기까지 수많은 독립 운동 관련 사건을 앞장서서 변론하는 항일 변호사로 이름을 떨쳤어요. 1945년 광복 이후에는 새로운 사법부를 만드는 데 노력을 아끼지 않았지요. 이후에는 대한 민국 초대 대법원장이 되어 1957년 70세로 정년 퇴임할 때까지 사법권의 독립과 발전을 위해 애썼어요.

정의의 여신상은 무엇을 뜻하나요?

가인 흉상의 오른쪽에는 대법정으로 들어가는 문이 있어요. 그 문 위에는 법과 정의를 상징하는 정의의 여신상이 있어요. 정의의 여신상은 원래 서양에서 유래된 상징물이에요. 하지만 대법원을 신축하면서 우리나라에 맞는 한국적인 정의의 여신상을 다시 만들었어요. 옷은 키톤 대신 한복을 입었고, 손에는 저울과 칼 대신 저울과 법전을 들고 있어요. 자! 지금부터 우리나라의 최고 법정인 대법정으로 들어가 볼까요?

저기 정의의 여신상이다!

여신상 바로 앞에서 찍어야지.

정의의 여신상
대법정 정문 위쪽에는 정의의 여신상이 있어요.

🏛 **키톤**
아래위가 잇달린 고대 그리스의 옷으로, 재단하지 않은 것이 특징이에요.

법과 정의의 여신, 아스트라이아

아스트라이아는 그리스 신화에 나오는 법과 정의의 여신이에요. 신화에 전해 내려오는 이야기에 따르면, 인간 세상에서 재판관의 역할을 했다고 해요. 신화 속의 아스트라이아는 한 손에는 저울을, 다른 한 손에는 칼이나 법전을 들고 있어요. 아스트라이아가 들고 있는 저울은 옳고 그름을 가리는 데 쓰였고, 칼은 죄가 있는 사람을 벌주기 위해 쓰였던 것이죠. 또, 아스트라이아는 늘 눈을 감거나 헝겊으로 눈을 가리고 있었어요. 눈을 가리고 있었던 이유는 무엇일까요? 바로 편견을 버리고 공정한 판단을 하기 위해서였지요. 어느 쪽에도 치우치지 않는 공정한 판단을 하겠다는 아스트라이아는 정말 법과 정의의 여신이라고 할 만하죠?

대법정에서 이루어지는 재판

조심스레 대법정 안으로 들어왔어요. 대법정은 우리나라 최고의 법정이에요. 재판에는 대법원장을 포함해 대법관까지 13명의 판사 모두가 참석해요. 그래서 이 재판을 '전원합의체 판결'이라고 하지요.

대법정까지 가는 사건은 사회적으로 관심이 많은 중요한 사건이거나, 누가 옳은지 그른지 가리기 힘든 사건, 또는 잘못된 법에 관한 사건 등 무게가 큰 사건들이에요. 그래서 대법정에서 하는 판결은 사회적으로 미치는 영향이 크지요. 또한 최고 법원에서 한 판결이기 때문에 내용이 비슷한 사건에 그대로 영향을 주지요. 실제로 대법정에서 재판을 하는 횟수는 그리 많지 않아요. 대부분 1심이나 2심에서

대법정에서 하는 재판의 조건!
다음과 같은 경우에는 대법정에서 재판이 이루어져요.
1. 명령이나 규칙이 헌법이나 법률에 맞지 않는다는 것을 판단해야 하는 경우
2. 이전에 내린 대법원 판결의 내용을 다시 판결해 봐야 할 경우
3. 소법정에서 재판하는 것이 적당하지 않은 경우

판결이 나서 확정되거나, 대법원 재판의 대부분이 소법정에서 이루어지기 때문이지요.

양 옆의 빈 자리는 누구의 자리일까요?

대법정에서는 대법관 13명이 참석해요. 의자를 세어 보면 13개가 맞죠? 그런데 대법관이 앉는 자리를 자세히 보면 양옆으로 한 자리씩이 더 있어요. 이것은 통일이 되면 북한의 법관들과 함께 재판을 하자는 뜻에서 상징적으로 만든 자리예요. 통일에 대한 염원이 담겨 있는 대법정이지요!

대법원장과 대법관들은 어떻게 뽑나요?

대법원장은 대법원과 다른 모든 법원의 일을 지휘하고 감독하는 일을 하고 있어요. 모든 법원의 일을 지휘, 감독하는 자리이니만큼 대법원장은 대통령이 임명해요. 이 때에는 반드시 국회의 인사청문회와 동의를 거쳐야 한답니다. 대법관 역시 먼저 대법원장의 추천을 받아 국회의 인사청문회와 동의를 거쳐야 해요.

대법원장과 대법관은 꼭 국회의 동의를 거쳐서 뽑아야 해요.

여기서 **잠깐!**

판사와의 대화 시간을 가져 보세요.

관람을 예약 한 모든 사람은 대법정에서 판사와의 대화 시간을 가질 수 있어요. 판사를 직접 만나 법과 법원의 기능 등에 대한 설명도 듣고 평소 궁금한 점을 질문할 수 있지요. 미리 질문을 준비해 간다면 더욱 알찬 시간이 될 거예요.

대법원을 나서며

　대법정 견학을 마치고 대법원 건물을 나오면 본관 중앙 화단에서 인상적인
조형물을 만날 수 있어요. 지금까지 대법원의 구석구석을 돌아보면서 법원이
어떤 곳인지, 재판은 어떻게 이루어지는지, 대법관들이 하는 일은 무엇인지 등
우리나라의 사법부에 대해 많은 것들을 배웠어요.

　그렇다면, 지금까지 배웠던 것을 되새겨서 이 조형물의 의미를 알아볼까요?

　이 조형물은 법원이 해야 하는 역할과 의미를 표현하고 있어요. 아래에서 위
로 뿔처럼 솟아오른 것은 옛날부터 법을 상징하던 전설의 동물인 해태의 뿔과
꼬리를 뜻해요. 이것은 법의 엄격함과 존엄성을 표현한 것이지요. 옆으로 누운
반원은 저울을 나타내 법의 형평성 및 사랑과 보호를 의미해요.

우리 주변에 공기처럼 존재하고 있는 법은 이 조형물처럼 법의 엄격함과 형평성을 동시에 가지고 있어요. 법이 강제력을 가지는 것은 힘없는 국민들을 보호하고 사회 정의를 실현하기 위해서예요.

법은 어떻게 쓰이느냐, 누구를 위한 것이냐에 따라 사람을 살릴 수도, 또 해칠 수도 있어요. 우리 법원도 한때 아픔을 겪은 적이 있지요. 나라의 주권을 빼앗겼을 때나 힘이 없어 독립성을 보장받지 못할 때에는 많은 사람이 억울하게 감옥에 잡혀 가거나 심지어 죽기도 했어요. 이렇게 어려운 가운데에서도 뜻있는 판사들과 많은 사람의 노력으로 법원은 제 모습을 찾았어요.

올바르고 정의로운 사회는 그냥 이루어지는 것이 아니에요. 무엇보다 우리의 끊임없는 관심과 노력으로 만들어 가는 것이지요. 법을 지키며 정의를 구현하는 일은 법원뿐 아니라 우리 모두의 몫이랍니다.

좋아! 앞으로는 무조건 법에 따라서만 행동해야지.

저런! 공부가 너무 지나쳤어.

나는 대법원 박사!

아무리 훌륭한 체험을 했더라도 되새김이 없으면 반쪽짜리 체험이 될 거예요. 오늘 둘러본 대법원의 구석구석을 떠올리며 다음 문제를 함께 풀어 봐요. 그럼, 지금부터 퀴즈 속으로 출발!

① OX 퀴즈를 풀어 보세요.

다음 질문을 읽고 맞으면 O표, 틀리면 X표 해 보세요.

1. 우리나라의 입법부, 사법부, 행정부 중에서 사법부의 권력이 가장 커요. (   )
2. 현재 우리나라에는 사형 제도가 없어요. (   )
3. 어떤 사건에 대하여 재판을 받을 때 3번까지 재판 받을 수 있어요. (   )
4. 우리나라는 삼국 시대부터 법이 존재했었어요. (   )
5. 우리나라 국민이라면 누구나 재판을 청구할 수 있어요. (   )
6. 재판 결과를 적은 판결문은 광복 이후 대한 민국 정부가 수립된 1948년부터 한글로 쓰기 시작했어요. (   )
7. 대법정에서는 대법관과 대법원장을 포함한 13명이 재판을 해요. (   )

② 바르게 연결해 보세요.

다음 사건을 보고 어디에서 처리해야 할지 해당하는 법원을 알맞게 연결해 보세요.

① 윗집에서 공사를 해서 너무 시끄러워 잠을 잘 수가 없고, 벽에도 금이 갔어요.

특허법원

② 신기한 물건을 발명했는데, 특허 신청이 받아들여지지 않아요.

행정법원

③ 이 곳으로 이사하면 정부에서 농사지을 땅을 준다고 했는데, 아직까지 땅을 받지 못해 손해가 많아요.

지방법원

④ 재판이 억울해서 다시 재판을 받았어요. 그런데 또 같은 판결이 나와서 상고하려고 해요.

대법원

❸ 십자말풀이를 해 보세요.

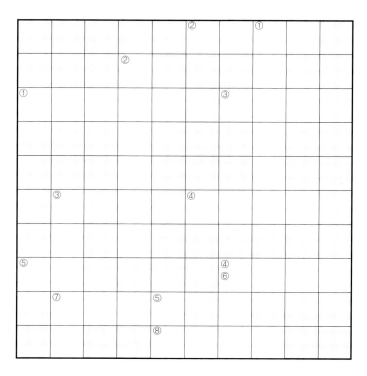

〈가로 열쇠〉

① 대법원장을 포함한 대법관 13명이 참여하는 대법정의 판결을 'ㅇㅇㅇㅇㅇ 판결'이라고 하지요.

② 특허권이나 상표권 등 지적재산권에 대한 문제를 해결하기 위한 재판이에요.

③ 일제 강점기인 1928년에 지어 경성복심법원으로 사용하다가 1948년부터 1995년까지 대법원 청사로 사용되어 온 건물로 'ㅇㅇㅇ 청사'라고 불렸지요. 법원사 전시실에 모형으로 전시되어 있어요.

④ 고조선의 법으로, 현재는 그 중 3개만 전해 내려오고 있어요.

⑤ 선악과 옳고 그름을 분별하는 상상 속의 동물로, 법을 상징하는 동물이에요.

⑥ 나라의 권력을 입법, 사법, 행정의 3개로 나눈 것을 말해요.

⑦ 물건을 훔치거나 폭력을 휘두르는 등 법을 어긴 범죄자들을 처벌하기 위한 재판이에요.

⑧ 현재 우리나라의 최고형으로, 폐지하려는 움직임이 많은 제도예요.

〈세로 열쇠〉

① 1895년 법률 제1호로 재판소를 만든다고 했던 법의 이름이에요.

② 대법정 입구에 있어요. 한 손에는 저울을, 한 손에는 법전을 들고 있지요.

③ 일본에 사법권이 넘어가면서 일본이 만든 대표적인 악법으로, 죄를 지은 사람에 대하여 태형을 할 수 있게 만든 법이지요.

④ 공정한 재판을 위해 한 사건에 대하여 3번까지 재판 받을 수 있도록 한 제도를 말해요.

⑤ 법정에서 재판을 이끌어 가고 판결을 하는 사람이에요.

정답은 56쪽에

만일 내가 법관이라면?

대법원을 둘러보면서 우리나라의 법과 재판에 대해서 많은 것을 알게 되었죠? 특히 소법정에서 친구들과 함께 모의재판을 해 본 친구들이라면 몸으로 체험한 정보라 더욱 잊혀지지 않을 거예요. 이런 경험을 바탕으로 내가 법관이라면 이럴 때 어떤 판결을 내릴지 자신만의 판결문을 만들어 보아요.

오늘 사건은 한 어린이가 햄버거가 어린이 비만의 주범이라며 고발한 사건이에요. 피자나 햄버거가 어린이 비만의 원인으로 의심받아 온 것은 어제, 오늘의 일은 아니지요. 피고인 햄버거와 원고인 어린이의 주장을 들어보고 누가 옳은지 여러분이 직접 판결해 보세요!

피고 햄버거의 주장

저는 단지 맛있게 생긴 죄밖에 없어요. 뜨거운 기름을 두른 채 프라이팬 속에 들어가고, 온몸에 케첩과 마요네즈를 바르는 게 얼마나 힘든지 아세요?
트랜스 지방처럼 나쁜 기름을 가진 음식은 저뿐이 아닌데, 왜 저만 나쁘다고 하죠? 저를 자꾸 찾는 사람이 문제죠. 제가 맛있다고 자꾸 먹다가 뚱뚱해진 사람이 더 나빠요.

원고 어린이의 주장

햄버거가 맛있는 건 사실이에요. 학교에서 돌아와 학원 가느라 바빠서 밥을 먹을 시간이 없기도 해요. 그렇지만 햄버거를 좀 더 몸에 좋은 재료로 만든다면 다른 음식보다 많이 먹는다고 해도 지금보다 살이 찌지는 않았을 거예요. 햄버거말고 다른 음식들은 많이 먹는다고 해서 이렇게 갑자기 뚱뚱해지지는 않아요. 제 말이 틀린가요?

나만의 판결문을 만들어요!

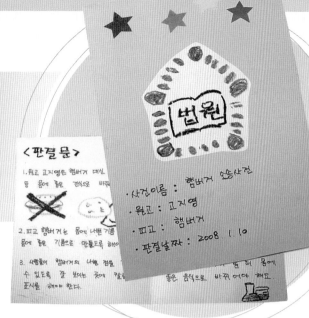

1 사건의 이름과 원고, 피고, 판결 날짜를 간단히 적어 보세요. 원고와 피고를 혼동하지 않도록 주의하세요! 원고는 피해를 받아 법원에 재판을 신청한 사람이고, 피고는 피해를 주었다고 생각되어 재판을 받는 사람이에요.

사건 이름 : 햄버거 소송 사건
원고 : 고지영
피고 : 햄버거
판결 날짜 : 2008. 1. 10

2 여러분은 어떤 판결을 내렸나요? 다음의 예를 참고해서 자신의 판결과 어떤 점이 다른지 살펴보세요.

〈판결문〉
1. 원고 고지영은 햄버거 대신 감자, 고구마 등 몸에 좋은 간식으로 바꾸어야 한다.
2. 피고 햄버거는 몸에 나쁜 기름 대신 몸에 좋은 기름으로 만들도록 해야 한다.
3. 사람이 햄버거의 나쁜 점을 잘 알 수 있도록 잘 보이는 곳에 칼로리를 표시해야 한다.

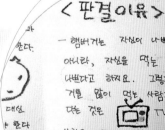

3 판결문을 쓴 다음에는 왜 그런 판결을 내리게 되었는지 판결문을 읽는 사람이 이해할 수 있게 이유를 밝혀 적어야 해요. 원고 또는 피고에게 왜 그런 판결을 내리게 되었는지 알기 쉽게 적어 주세요.

〈판결 이유〉
햄버거는 자신이 나쁜 것이 아니라, 자신을 먹는 사람이 나쁘다고 하지요. 그렇지만 햄버거를 많이 먹는 사람이 뚱뚱해지는 것은 과학 실험을 통해 사실로 밝혀졌어요. 따라서, 햄버거는 지금보다 더 몸에 좋은 재료로 만들어야 해요.

정답

여기서 잠깐!

11쪽 1. 국회 2. 법원

27쪽

고려	지방 관리가 재판을 진행했어요.
고조선	8조 법금이라는 법을 만들어 나라를 다스렸어요.
고구려	법이 엄격했어요.

29쪽 3. 성균관

43쪽

법관	원고와 피고, 검사와 변호사의 주장을 듣고 공정한 판결을 내리는 사람이에요.
변호사	일반 국민들의 재판 업무를 돕고, 피고인을 대변하는 역할을 해요.
검사	범죄가 일어나면 경찰을 지휘해 사건을 조사하고, 범인을 붙잡아 재판에 넘겨요.

나는 대법원 박사!

1 OX 퀴즈를 풀어 보세요.

1. 우리나라의 입법부, 사법부, 행정부 중에서 사법부의 권력이 가장 커요. (×)
2. 현재 우리나라에는 사형 제도가 없어요. (×)
3. 어떤 사건에 대하여 재판을 받을 때 3번까지 재판 받을 수 있어요. (○)
4. 우리나라는 삼국 시대부터 법이 존재했어요. (×)
5. 우리나라 국민이라면 누구나 재판을 청구할 수 있어요. (○)
6. 재판 결과를 적은 판결문은 광복 이후 대한 민국 정부가 수립된 1948년부터 한글로 쓰기 시작했어요. (×)
7. 대법정에서는 대법관과 대법원장을 포함한 13명이 재판을 해요. (○)

2 바르게 연결해 보세요.

1 윗집에서 공사를 해서 너무 시끄러워 잠을 잘 수가 없고, 벽에도 금이 갔어요.	지방법원
2 신기한 물건을 발명했는데, 특허 신청이 받아들여지지 않아요.	특허법원
3 이 곳으로 이사하면 정부에서 농사지을 땅을 준다고 했는데, 아직까지 땅을 받지 못해 손해가 많아요.	행정법원
4 재판이 억울해서 다시 재판을 받았어요. 그런데 또 같은 판결이 나와서 상고하려고 해요.	대법원

3 십자말풀이를 해 보세요.

					②특	허	①재	판	
			②정				판		
①전	원	합	의	체		③서	소	문	
			의				구		
			여				성		
	③조		신		④8	조	법	금	
	선		상						
⑤해	태					④⑥3	권	분	립
	⑦형	사	재	⑤판		심			
	령			⑧사	형	제	도		

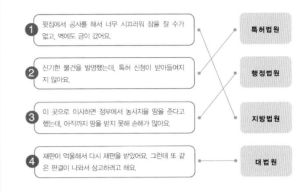

사진 및 그림

초등학교 교과서와 관련된 학년별 현장 체험학습 추천 장소

1학년 1학기 (21곳)	1학년 2학기 (18곳)	2학년 1학기 (21곳)	2학년 2학기 (25곳)	3학년 1학기 (31곳)	3학년 2학기 (37곳)
철도박물관	농촌 체험	소방서와 경찰서	소방서와 경찰서	경희대자연사박물관	IT월드(과천정보나라)
소방서와 경찰서	광릉	서울대공원 동물원	서울대공원 동물원	광릉수목원	강원도
시민안전체험관	홍릉 산림과학관	농촌 체험	강릉단오제	국립민속박물관	경희대자연사박물관
천마산	소방서와 경찰서	천마산	천마산	국립서울과학관	광릉수목원
서울대공원 동물원	월드컵공원	남산골 한옥마을	월드컵공원	국립중앙박물관	국립경주박물관
농촌 체험	시민안전체험관	한국민속촌	남산골 한옥마을	기상청	국립고궁박물관
코엑스 아쿠아리움	서울대공원 동물원	국립서울과학관	한국민속촌	서대문자연사박물관	국립국악박물관
선유도공원	우포늪	서울숲	농촌 체험	선유도공원	국립부여박물관
양재천	철새	갯벌	서울숲	시장 체험	국립서울과학관
한강	코엑스 아쿠아리움	양재천	양재천	신문박물관	남산
에버랜드	짚풀생활사박물관	동굴	선유도공원	경상북도	남산골 한옥마을
서울숲	국악박물관	고성 공룡박물관	불국사와 석굴암	양재천	롯데월드 민속박물관
갯벌	천문대	코엑스 아쿠아리움	국립중앙박물관	경기도	국립민속박물관
고성 공룡박물관	자연생태박물관	옹기민속박물관	국립민속박물관	이화여대자연사박물관	삼성어린이박물관
서대문자연사박물관	세종문화회관	기상청	전쟁기념관	전쟁기념관	서대문자연사박물관
옹기민속박물관	예술의 전당	시장 체험	판소리	천마산	선유도공원
어린이 교통공원	어린이대공원	에버랜드	DMZ	한강	소방서와 경찰서
어린이 도서관	서울놀이마당	경복궁	시장 체험	화폐금융박물관	시민안전체험관
서울대공원		강릉단오제	광릉	호림박물관	경상북도
남산자연공원		몽촌역사관	홍릉 산림과학관	홍릉 산림과학관	월드컵공원
삼성어린이박물관		국립현대미술관	국립현충원	우포늪	육군사관학교
			국립4·19묘지	소나무 극장	해군사관학교
			지구촌민속박물관	예지원	공군사관학교
					철도박물관
					이화여대자연사박물관
					제주도
					천마산
		우정박물관	자운서원		천문대
		한국통신박물관	서울타워		태백석탄박물관
			국립중앙과학관		판소리박물관
			엑스포과학공원		한국민속촌
			올림픽공원		임진각
			전라남도		오두산 통일전망대
			경상남도		한국천문연구원
			허준박물관		종이미술박물관
					짚풀생활사박물관
					토탈야외미술관

4학년 1학기 (34곳)	4학년 2학기 (56곳)	5학년 1학기 (35곳)	5학년 2학기 (51곳)	6학년 1학기 (36곳)	6학년 2학기 (39곳)
강화도	IT월드(과천정보나라)	갯벌	IT월드(과천정보나라)	경기도박물관	IT월드(과천정보나라)
갯벌	강화도	광릉수목원	강원도	경복궁	KBS 방송국
경희대자연사박물관	경기도박물관	국립민속박물관	경기도박물관	덕수궁과 정동	경기도박물관
광릉수목원	경복궁 / 경상북도	국립중앙박물관	경복궁	경상북도	경복궁
국립서울과학관	경주역사유적지구	기상청	덕수궁과 정동	고성 공룡박물관	경희대자연사박물관
기상청	경희대자연사박물관	남산골 한옥마을	경상북도	국립민속박물관	광릉수목원
농촌 체험	고창, 화순, 강화 고인돌유적	농업박물관	경희대자연사박물관	국립서울과학관	국립민속박물관
서대문자연사박물관	전라북도	농촌 체험	고인쇄박물관	국립중앙박물관	국립중앙박물관
서대문형무소역사관	고성 공룡박물관	서울국립과학관	충청도	농업박물관	국회의사당
서울역사박물관	충청도	서울대공원 동물원	광릉수목원	롯데월드 민속박물관	기상청
소방서와 경찰서	국립경주박물관	서울숲	국립공주박물관	몽촌토성과 풍납토성	남산
수원화성	국립민속박물관	서울시청	국립경주박물관	민주화현장	남산골 한옥마을
시장 체험	국립부여박물관	서울역사박물관	국립고궁박물관	백범기념관	대법원
경상북도	국립서울과학관	시민안전체험관	국립민속박물관	서대문자연사박물관	대학로
양재천	국립중앙박물관	경상북도	국립서울과학관	서대문형무소 역사관	민주화 현장
옹기민속박물관	국립국악박물관 / 남산	양재천	국립중앙박물관	서울역사박물관	백범기념관
월드컵공원	남산골 한옥마을	강원도	남산골 한옥마을	조선의 왕릉	아인스월드
철도박물관	농업박물관 / 대법원	월드컵공원	농업박물관	성균관	서대문자연사박물관
이화여대자연사박물관	대학로	유명산	롯데월드 민속박물관	시민안전체험관	국립서울과학관
천마산	롯데월드 민속박물관	제주도	충청도	경상북도	서울숲
천문대	몽촌토성과 풍납토성	짚풀생활사박물관	서대문자연사박물관	암사동 선사주거지	신문박물관
철새	불국사와 석굴암	천마산	성균관	운현궁과 인사동	양재천
홍릉 산림과학관	서대문자연사박물관	한강	세종대왕기념관	전쟁기념관	월드컵공원
화폐금융박물관	서울대공원 동물원	한국민속촌	수원화성	천문대	육군사관학교
선유도공원	서울숲	호림박물관	시민안전체험관	철새	이화여대자연사박물관
독립공원	서울역사박물관	홍릉 산림과학관	시장 체험 / 신문박물관	청계천	중남미박물관
탑골공원	조선의 왕릉	하회마을	경기도	짚풀생활사박물관	짚풀생활사박물관
신문박물관	세종대왕기념관	대법원	강원도	태백석탄박물관	창덕궁
서울시의회	수원화성	김치박물관	경상북도	해인사 고려대장경과 장경판전	천문대
선거관리위원회	승정원 일기 / 양재천	난지하수처리사업소	옹기민속박물관	호림박물관	우포늪
소양댐	옹기민속박물관	농촌, 어촌, 산촌 마을	운현궁과 인사동	유니세프 한국위원회	판소리박물관
서남하수처리사업소	월드컵공원	들꽃수목원	육군사관학교	무령왕릉	한강
중랑구재활용센터	육군사관학교	정보나라	이화여대자연사박물관	현충사	홍릉 산림과학관
중랑하수처리사업소	철도박물관	드림랜드	전라북도	덕포진교육박물관	화폐금융박물관
	이화여대자연사박물관	국립극장	전쟁박물관	서울대학교 의학박물관	훈민정음
	조선왕조실록 / 종묘		창경궁 / 천마산	상수허브랜드	상수도연구소
	종묘제례		천문대		한국자원공사
	창경궁 / 창덕궁		태백석탄박물관		동대문소방서
	천문대 / 청계천		한강		중앙119구조대
	태백석탄박물관		한국민속촌		
	판소리 / 한강		해인사 고려대장경과 장경판전		
	한국민속촌		화폐금융박물관		
	해인사 고려대장경과 장경판전		중남미문화원		
	호림박물관		첨성대		
	화폐금융박물관		절두산순교성지		
	훈민정음		천도교 중앙대교당		
	온양민속박물관		한국에너지기술연구원		
	아인스월드		한국자수박물관		
			초전섬유퀼트박물관		

숙제를 돕는 사진

형사 재판

대법정

대법원 건물

서울고등법원

정의의 여신상

숙제를 돕는 사진

법원사 전시실

국민참여재판

구 서소문 청사

경국대전

대한 민국 임시정부와 헌법 '임시헌장'

가인 김병로 흉상